Colle

ISBN: 2-07-039142-6
Titre original: I want my potty
Publié par Andersen Press Ltd,

1er dépôt légal: Avril 1987
Dépôt légal: Décembre 1989
Numéro d'édition: 48336
Imprimé en Italie par La Editoriale Libraria

Je veux mon p'tipot

Tony Ross

Traduit par Pascal Olivier

Gallimard

« Ah ! ces sales couches ! »
disait la princesse.

« Une seule solution :
il faut aller sur ton p'tipot »,
répondait la reine.

Au début, la princesse trouvait que c'était abominable.

« Il faut aller sur ton p'tipot ! »
répétait la reine.

Et la princesse dut s'y habituer.

Parfois elle se ruait sur son p'tipot
tellement elle en avait besoin.

Parfois la princesse
jouait des tours à son p'tipot.

Parfois le p'tipot
jouait des tours à la princesse.

Le p’tipot, bientôt,
ce fut très rigolo.

Et la princesse l'adora.

Tous disaient que la princesse
était très intelligente
et serait une grande reine.

« Il faut aller sur ton p'tipot »,
répondait la princesse.

Un jour, la princesse jouait
sur le toit de son château quand...

... elle se mit à hurler :
« Je veux mon p'tipot ! »

« Elle veut son p'tipot ! »
hurla la gouvernante.

« Elle veut son p'tipot ! »
hurla le roi.

« Elle veut son p'tipot ! »
hurla le cuisinier.

« Elle veut son p'tipot ! »
hurla le jardinier.

« Elle veut son p'tipot ! »
hurla le général.

« Je sais où il est, son p'tipot ! »
hurla l'amiral.

A toute allure on apporta
le p'tipot à la princesse...

... juste...

... un tout p'tipot trop tard.

BIOGRAPHIE

Je suis né à Londres en 1938 et je crois toujours aux contes de fées et au père Noël.
Après mes études, j'ai travaillé dans la publicité, puis je suis devenu professeur à l'école des Beaux-Arts de Manchester. Dans les années 60, je me suis amusé à faire des dessins pour des magazines, notamment pour *Punch*.
Mes premiers livres pour enfants ont été publiés en 1973. Depuis, j'en ai fait plus de vingt.
Les enfants, pour moi sont beaucoup plus importants que les éditeurs, les hommes politiques ou les rois et j'ai toujours essayé de faire de mon mieux pour leur offrir des dessins qui leur plaisent.
Ma principale, ambition, c'est de divertir. Souvent, je récris à ma manière des histoires traditionnelles pour contribuer à les faire connaître aux enfants d'aujourd'hui. Et parfois, j'écris mes propres contes, parce que je ne peux pas m'en empêcher. J'habite dans une grande maison en pleine campagne au Pays de Galles avec ma femme et notre petite fille.

Tony Ross

Dans la collection folio benjamin tu connais peut-être déjà les autres livres de Tony Ross : *Le petit Chaperon rouge, Jack et le haricot magique, Boucle d'Or et les trois ours, Le chat botté, Tristan la Teigne, Le garçon qui criait : « Au loup ! »*.

Collection folio benjamin

Ahlberg A. et J. Bizardos, 59
Ahlberg A. et J. La famille Petitplats, 146
Ahlberg A. et J. Gendarmes et Voleurs, 17
Ahlberg A. et J. Le ver, cet inconnu, 8
Ahlberg A. et J. Prune, pêche, poire, prune, 65
Alexander M. Comment j'ai capturé un monstre, 107
Attenborough E./McNaughton C. Rien ne sert de courir, 75
Baum L./Varley S. Il fait nuit petite fille, 140
Baumann H./Dietzsch-Capelle E. Comment vivent les bébés animaux, 92
Bauman K./Foreman M. Essuie la vaisselle, 66
Bichonnier H./Pef Le monstre poilu, 74
Bichonnier H./Pef Le Roi des Bons, 121
Bichonnier H./Pef Pincemi et Pincemoi, 143
Blake Qu. Un, deux, trois Monsieur Pétunia, 97
Blegvad E. La véritable histoire des trois petits cochons, 87
Blegvad E. Un ours en hiver, 131
Blegvad E. et L. Un petit cochon est allé au marché, 25
Boulanger D./Kniffke S. Le chat m'a dit son histoire, 44
Brown R. Une histoire sombre, très sombre, 95
Burgess A./Testa F. Le pays où poussent les glaces, 67
Cartwright A.R. L'Arche de Zoé, 135
Charpentreau J./Galeron H. En cherchant la petite bête, 7
Charpentreau J./Wijngaard Quand je rêve, 51
Charpentreau S./Galeron H. Par la barbichette, 29
Cole B. J'ai un problème avec ma mère, 126
Cutler I./Oxenbury H. Le matin de Thomas, 40
Dahl R./Blake Qu. L'énorme crocodile, 15
de Paola T. Bob et Bobby, 134
de Paola T. Le chevalier et le dragon, 160
Delessert E. Comment la souris..., 3
Demarest C. Bénédicte déménage, 93
Farre M.-R./Sorro A. Couac et Colégram, 122
Foreman M. Un petit ours nommé Panda, 47
François A. Les larmes de crocodile, 28
Gage W./Hafner M. Mathilde et le corbeau, 102
Gage W./Hafner M. Mathilde et le fantôme, 16
Gage W./Stevenson J. La chasse à l'ours, 123
Gammell S. Jack le trappeur, 100
Gammell S. Réveille-toi c'est Noël, 57
Garner A./Foreman M. Deux frères en or, 23
Garner A./Foreman M. La princesse et la crinière d'or, 30
Gogol N./Kohler S. Le nez, 62
Griffith H./Stevenson J. Un été avec mon grand-père, 161
Guillevic E./Jordan L. Fabliettes, 53
Guilloux L./Mignon Ph. Grand Bêta, 54
Hass I. Le petit théâtre de la lune, 96
Heine H. Drôle de nuit pour les trois amis, 110
Heine H. Fier de l'aile, 103
Heine H. L'invitée des trois amis, 119
Heine H. La Perle, 129
Heine H. La promenade des trois amis, 89
Heine H. Le mariage de Cochonnet, 71
Heine H. Le plus bel œuf du monde, 104
Heine H. Samedi au paradis, 157
Heine H. Trois amis, 73

Heine H. Un éléphant ça trompe énormément, 46
Hesse H./Schmogner W. La ville, 61
Hildesheimer W./Berlinger E. Quatre ratons laveurs, 22
Hoban R./Blake Qu. Le restaurant des vingt éléphants, 45
Hoban R./Blake Qu. Dragon et Cie, 55
Hoban R./Blake Qu. Tom batifole, 72
Hoban R./Blake Qu. Tom bricole, 101
Hogrogian N. Jean le chevreau, 24
Hughes S. Hop Ségolène !, 86
Hughes S. L'anniversaire de Nicolas, 152
Hughes S. Une soirée mouvementée !, 178
Ionesco E./Corentin P. Conte numéro 1, 80
Ionesco E./Claveloux W. Conte numéro 2, 81
Ionesco E./Delessert E. Conte numéro 3, 138
Ionesco E./Delessert E. Conte numéro 4, 139
Janosch Bonne nuit Galopin, 82
Janosch Galopin construit une maison, 90
Janosch Histoires de Lapins, 124
Joyce J./Blachon R. Le chat et le diable, 77
Kimmonth P./Cartwright R. Le trésor du père Potier, 14
Kroll S./de Paola T. Drôle de Père Noël, 98
Laurencin G./Vincent M. L'histoire de la petite souris qui ne voulait pas dormir, 153
Lemieux M. Quel est ce bruit ?, 137
Lobel A. Un coq et une poule rêvaient d'un royaume, 6
Lorenz L. L'ogre à plumes, 127
Mandray P. Une nuit blanche pour Henry, 85
Mayer M. Je suis un chasseur, 158
Mayer M. Il y a un cauchemar dans mon placard, 76
Mayer M. Si j'avais un gorille, 10
Mayne W./Bayley N. Périlleuse aventure d'une chatte tigrée, 94
McHargue G./Foreman M. Drôle de zoo, 2
MacKee D. Deux amiraux, 58
MacKee D. Bernard et le monstre, 144
McNaughton C. Les pirates, 27
McNaughton C. Fou de football, 43
McNaughton C. Gros cochon, 48
McNaughton C. La course des rats, 26
McNaughton C. Le roi Eric le Naïf, 70
McPhail D. Nina cherche un ami, 164
McPhail D. Nina et la télévision, 128
McPhail D. Un lion dans la neige, 109
Meise H./Caspari G. Un voyage en été, 21
Moser E. Le ragondin ne dormait pas, 99
Munsch R./Martchenko Le métro en folie, 79
Nickly M. Le prunier, 108
North Olson A./Dabcovich L. Joyeux Noël Grand-Mère, 118
Oxenbury H. Baptiste et son chien, 50
Paterson B. et C. Chasse au trésor à Souriceau-les-Bois, 163
Paterson B. et C. Une régate à Souriceau-les-Bois, 179
Paterson B. et C. Panique à Souriceau-les-Bois, 147
Paterson D. Fais-moi un sourire, 155
Pef La belle lisse poire du prince de Motordu, 37
Pef Rendez-moi mes poux !, 105
Prévert J./Duhème J. En sortant de l'école, 114
Prévert J./Duhème J. Page d'écriture, 115
Prévert J./Duhème J. L'opéra de la lune, 141
Prévert J./Gard M. Chanson des cireurs de souliers, 132
Prévert J./Gard M. Chanson pour chanter à tue-tête et à cloche-pied, 120

Prévert J./Henriquez E. Histoire du cheval, 116
Prévert J./Quinquerez F. Le dromadaire mécontent, 13
Prokofiev S./Voigt E. Pierre et le loup, 68
Rosen M./Blake Qu. Essaye de m'attraper, 56
Ross T. Boucle d'or et les trois ours, 38
Ross T. Le garçon qui criait au loup, 156
Ross T. Je veux mon p'tipot, 142
Ross T. Jack et le haricot magique, 69
Ross T. Le chat botté, 42
Ross T. Le cordonnier qui voulait être riche, 12
Ross T. Le petit chaperon rouge, 32
Ross T. Le voyage du lièvre et du blaireau, 88
Ross T. Tristan la Teigne, 136
Ruck-Pauquet G./Dietzsch-Capelle E. Mamourson, 83
Saumont A. et F./Schlote W. Une île sur papier blanc, 41
Schlote W. J'ai vu par la fenêtre, 64
Schumacher C. Un écureuil a disparu, 130
Stern S. Dans une bouteille, 36
Stone B./Ross T. La charge de la brigade des souris, 4
Stone B./Steadman R. Souris en blanc, 34
Testa F. Mystère, mystère, 49
Thiollier A. Tao le malin, 84
Traxler H. Le cochon d'Hollywood, 125
Traxler H. Cinq chiens gagnent un million, 63
Traxler H. Voyage au bout de l'éponge, 11
Varley S. Au revoir blaireau, 145
Varvasovszky L. Les clowns, 151
Varvasovszky L. Jérémie au pays des ombres, 60
Varvasovszky L. L'île des ours blancs, 20
Waddell M./Dupasquier P. Vers l'Ouest, 149
Warren McLeod E./McPhail D. La bicyclette de l'ours, 91
Wayne von Königslöw A. Le petit coin, 148
Wells R. Chut, chut, Charlotte, 1
Wells R. Le sac à disparaître, 35
Wells R. Sébastien et Olivia, 19
Wells R. Timothée va à l'école, 78
Winthrop E./Hafner M. La poupée de Caroline, 106
Winthrop E./Hoban L. Paul la terreur, 159
Yeomann J./Blake Qu. La révolte des lavandières, 33
Yeomann J./Blake Qu. Le chat ne sachant pas chasser, 18
Zolotov C./Stevenson J. Je connais une vieille dame, 117